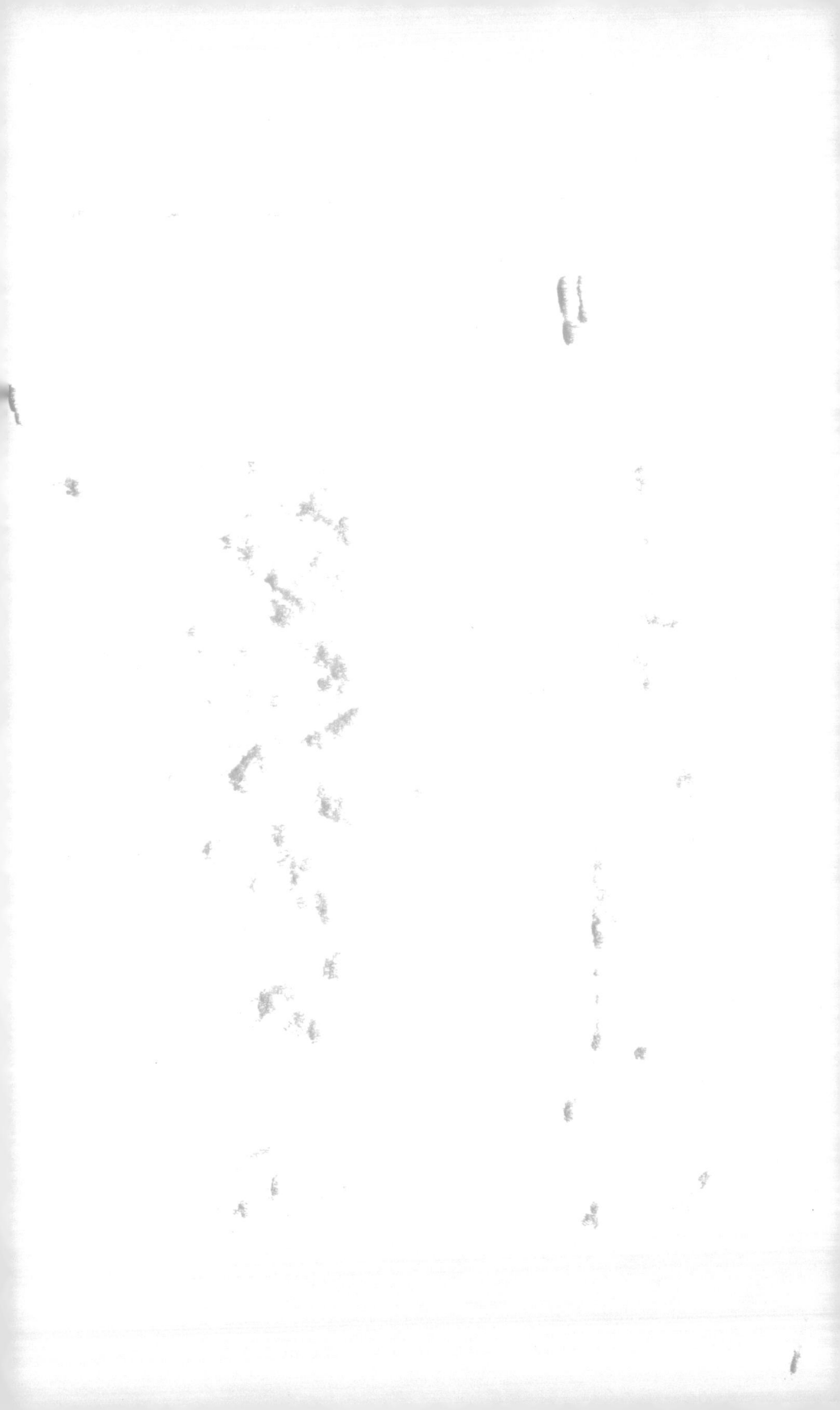

Autores varios

Antología de Jarchas

Edición de Samuel Miklos Stern

Traducciones de Emilio García Gómez y otros

Barcelona 2025
Linkgua-ediciones.com

Créditos

Título original: Antología de Jarchas.

© 2025, Red ediciones S.L.

Traducciones de:
Emilio Alarcos Llorach
Dámaso Alonso
Rodolfo A. Borello
Francisco Cantera Burgos
Joan Corominas
Theodor Frings
Emilio García Gómez
Ramón Menéndez Pidal
Rafael Lapesa
Ernesto Lunardi
Margit Frenk Alatorre
Alonso Zamora Vicente
Josep María Solà-Solé
Samuel Miklos Stern

Edición de: Samuel Miklos Stern

e-mail: info@linkgua.com

Diseño de cubierta: Michel Mallard.

ISBN rústica ilustrada: 978-84-9816-849-5.
ISBN tapa dura: 978-84-98972863.
ISBN ebook: 978-84-9897-009-8.

Sumario

Brevísima presentación

La palabra Jarcha significa en árabe «salida». Las jarchas son breves textos romances antecedentes de los «villancicos», las coplas y cantares. Van al final de unos poemas en árabe o hebreo llamados moaxajas. Este género apareció en Andalucía al término del siglo IX y comienzos del X. La tradición atribuye a Muqadamm ben Mu'safà de Cabra su invención.

A lo largo de la historia se han compilado apenas unas decenas de jarchas que se distinguen por tres características fundamentales:

1.ª monorrima;

2.ª uniformidad (no son divisibles en estrofas), y

3.ª marcada influencia árabe.

En ocasiones se atisba en ellas un precedente de la poesía mística española y cierto trato indiferenciado para la identidad sexual y la edad de los amantes.

El descubrimiento y la traducción de los textos que integran esta Antología de Jarchas se debe, sobre todo, al trabajo de los arabistas: Samuel Miklos Stern y de Emilio García Gómez.

Incluimos además traducciones de:
Emilio Alarcos Llorach
Dámaso Alonso
Rodolfo A. Borello
Francisco Cantera Burgos
Joan Corominas
Theodor Frings
Ramón Menéndez Pidal
Rafael Lapesa
Ernesto Lunardi
Margit Frenk Alatorre
Alonso Zamora Vicente
Josep María Solà-Solé

Jarchas (Transcripciones)

Jarcha 1

Yehuda Halevi (c. 1075.-c. 1140), en honor de al-Hassan ben al Dayyan.

Cantera 1949

1. ¡Ven, señor mío, ven
2. el querer es tan gran bien [o: también cosa]
3. de este tiempo!
4. con el hijo de Ibn al-Dayyan.

García Gómez 1950

1. Ven dueño mío, ven,
2. porque el amor es un gran bien
3. que nos depara esta época
4. feliz gracias al hijo de Ibn al-Dayyan

Borello 1959

1. Ven mi Señor, ven:
2. el amor es un gran bien;
3. deja el Tiempo
4. buen hijo de Ibn Dayyan

García Gómez 1965

1. ¡Ven dueño mío ven!
2. El poder amarnos es un gran bien
3. que nos depara esta época
4. tranquila gracias al hijo de Ibn ad-Daiyan.

Jarcha 2

Yebuda Halevi (c. 1075-c. 1140), en honor de Abu Ibrahim ben Mahagir.

Alonso 1949

1. Pues sois adivina
2. y adivinas en verdad
3. dime cuándo me vendrá
4. mi amado Isaac.

Cantera 1949

1. Pues sois adivinadora
2. y adivinas en verdad,
3. mira cuándo me vendrá
4. mi amado Isaac.

Menéndez Pidal 1951

1. Pues sois adivina
2. y adivinas con verdad,
3. dime cuándo me vendrá
4. mi amado Isaac.

Lunardi 1952

1. Pues eres adivinadora
2. y adivinas la verdad
3. mira cuándo me vendrá
4. mi amado Isaac.

Cantera 1957

1. Dime, si eres adivina
2. y adivinas de verdad,
3. dime cuándo me verá
4. mi amado Isaac.

Lapesa 1960

1. Di, si eres adivina
2. y adivinas según verdad
3. dime cuándo me vendrá
4. mi amigo Isaac.

Alonso 1963

1. Dices que eres adivina
2. y adivinas en verdad,
3. dime cuándo me vendrá
4. mi amigo Isaac.

García Gómez 1965

1. Dime: ¿eres adivinadora
2. y adivinas con verdad?
3. dime entonces cuándo vendrá a mí
4. mi amigo Isḥâq.

Frenk Alatorre 1966

1. Puesto que eres adivina
2. y sabes adivinar la verdad,
3. dime entonces cuándo me vendrá
4. mi amigo Isaac.

Jarcha 3

Yehuda Halevi (c. 1075-c. 1140), en honor de Josef ben Ferrusiel.

Cantera 1949

1. Desde el momento en que mi Çidielo [o Çidillo] viene,
2. ¡oh qué buenas albricias!
3. sale en Guadalajara
4. como un rayo de Sol.

Menéndez Pidal 1951

1. Cuando mío Cidiello viene,
2. ¡qué buenas albricias!
3. como un rayo de Sol sale
4. en Guadalajara.

Zamora 1951

1. En cuanto mi Cidello viene
2. [¡qué buenas albricias!]
3. en Guadalajara sale
4. como un rayo de Sol.

Lunardi 1959

1. Desde cuando mi Cidiello viene
2. ¡o buenas albricias!
3. como rayo de Sol sale
4. en Guadalajara.

Cantera 1957

1. Desde el momento en que mi Cidielo [o Cidillo] llega,

2. ¡oh, qué buenas albricias!
3. sale en Guadalajara
4. como un rayo de Sol.

García Gómez 1965

1. Desde que mi Cidiello viene
2. —¡qué buena noticia!—
3. como un rayo de Sol sale
4. en Guadalajara.

Frenk Alatorre 1966

1. Desde el momento en que viene mi Cidillo
2. —¡oh, qué buena nueva!—,
3. sale en Guadalajara
4. como un rayo de Sol.

Jarcha 4

Yehuda Halevi (c. 1075-c. 1140), en honor de Ishaq ben Qrispin.

Cantera 1949

1. Mirad [cuidad], vos ay hermanillas,
2. cómo contener mi mal.
3. Sin el amado no podré vivir;
4. ...

1. Decid vosotras, oh hermanillas,
2. ¿cómo refrenaré mi pesar?
3. Sin el amado yo no viviré,
4. y volaré a buscarlo.

Menéndez Pidal 1951

1. Decid vosotras, ¡ay hermanillas!,
2. ...
3. Sin el amigo no podré vivir;
4. volaré en su busca.

Zamora 1951

1. Decid vosotras, hermanillas,
2. ¿cómo frenaré mi mal?

Lunardi 1952

1. Mirad, o hermanillas,
2. cómo contener mi mal.
3. Sin el amado no viviré yo
4. y volaré a buscarlo.

Frenk Alatorre

1. Decid vosotras, ay hermanillas,
2. ¿cómo resistiré a mi pena?
3. Sin el amado no podré vivir,
4. volaré en su busca.

Cantera 1957

1. Decid vosotras, ay hermanillas,
2. ¿cómo resistiré mi cuita?
3. Sin el amigo no podré vivir;
4. ¿a dónde le iré a buscar?

Borello 1959

1. Decid, vosotras, hay hermanitas,
2. cómo restañar mi mal.
3. Sin el amado no puedo vivir:
4. ¿adónde he de ir a buscarlo?

Frenk Alatorre 1966

1. Decidme, ay hermanitas,
2. ¿cómo contener mi mal?
3. Sin el amado no viviré:
4. ¿a dónde iré a buscarlo?

Jarcha 5

A: Yehuda Halevi (c. 1075-c. 1140), elegía por la muerte de Yehuda ben Ezra.
B: Abu Bakr ibn Baqi (m. 1145), poema amoroso.

Menéndez Pelayo 1948

1. Venid, fresca jovencita
2. ¿Quién esconde mi corazón herido?

Cantera 1949

1. Viene la Pascua y viene sin él
2. ¡Ay cómo arde mi corazón por él!

Alonso 1949

1. Viene la Pascua y yo sin él
2. ¡Cómo padece mi corazón por él!

Menéndez Pidal 1951

1. ¡Viene la Pascua; y yo sin él!
2. ¡Cómo arde mi corazón por él!

García Gómez 1952

1. Viene la Pascua, ay, aún sin él
2. lacerando mi corazón por él.

Borello 1959

1. Viene la Pascua, y aún [¿y ayuno?] sin él;
2. lacerando mi corazón por él.

García Gómez 1965

1. Viene la Pascua, ay, aún sin él,
2. lacerando mi corazón por él.

Jarcha 6

Yehuda Halevi (c. 1075-c. 1140), en honor de Abu Ishaq Nahman en Azhar.

García Gómez 1950

1. ¡Dios mío! ¿Cómo podré vivir
2. con este revoltoso [o: fullero]
3. que antes de saludar
4. ya está amenazando con irse?

Jarcha 7

Yehuda Halevi (c. 1075-c. 1140), en honor de Abu l-Hasan ben Qamniel.

García Gómez 1949

1. Hijito ajeno,
2. bebiste y te adormiste en mi seno.

García Gómez 1952

1. Como si [fueses] hijito ajeno,
2. ya no te aduermes más en mi seno.

Borello 1959

1. Hijito ajeno,
2. no te duermes más en mi seno.

García Gómez 1965

1. Como si [fueras] hijito ajeno,
2. [ya] no duermes más en mi seno.

Frenk Alatorre 1966

1. Como si fueses hijito ajeno
2. ya no te duermes más en mi seno.

Jarcha 8

A: Yehuda Halevi (c. 1075.c. 1140), poema amoroso.
B: Abū Bakr ibn Baqū (m. 1145), poema amoroso.
C: Abū Bakr Muhammad Ahmad ibn Ruhaim (fl. c. 1121), poema amoroso.

Cantera 1948

1. No me toques, oh amigo mío
2. quedaos quieto ahí
3. —la Majestad es toda indulgencia—
4. baste el permiso.

García Gómez 1952

1. ¡No me toques, amigo!
2. ¡Yo no quiero al que hace daño!
3. Mi corpiño es frágil.
4. ¡Basta! A todo me niego.

Cantera 1957

1. No me toques, amigo
2. quedaos quietos ahí;
3. al frágil corpiño
4. limítese el permiso que se te ha concedido.

Borello 1959

1. ¡No me toques, amigo!
2. Restaré herida;
3. mi corpiño es frágil.
4. Bástate, oh hermoso.

García Gómez 1965

1. ¡No me muerdas, amigo! ¡No,
2. no quiero al que hace daño!
3. El corpiño [es] frágil. ¡Basta!
4. A todo me niego.

1. ¡No me toques, amigo! ¡No...

Jarcha 9

A: Yehuda Halevi (c. 1075-c. 1140), poema en honor de su amigo Abraham.
B: Todros Abū-l-'Afia (c. 1247-c. 1306), panegírico en honor de su homónimo Todros Abu- l-'Afia Todros Abu-l-'Afia.

Cantera 1949

1. Vayse de mí mi corazón.
2. ¡Oh Señor! ¿Acaso tornará?
3. ¡Tan malo es mi extraño dolor!
4. Está enfermo, ¿cuándo sanará?

Alonso 1949

1. Mi corazón se me va de mí.
2. Oh Dios, ¿acaso se me tornará?
3. ¡Tan fuerte mi dolor por el amado!
4. Enfermo está, ¿cuándo sanará?

3. Tan grande mi dolor extraño

García Gómez 1949

1. Mi corazón se me va de mí.
2. ¡Oh Señor! ¿Acaso me tornará?
3. ¡Es tan grave mi dolor por el amigo!
4. Está enfermo, ¿cuándo sanará?

García Gómez 1950a

1. Mi corazón se me va de mí.
2. Oh Dios, ¿acaso se me tornará?
3. ¡Tan fuerte mi dolor por el amigo!
4. Enfermo está, ¿cuándo sanará?

Menéndez Pidal 1950b

1. Vase de mí mi corazón,
2. ¡Oh Señor!, ¿acaso tornará?
3. ¡Cuán extremo es mi dolor por el amado que está enfermo!
4. ¿Cuándo sanará?

Zamora 1951

1. Mi corazón se me escapa:
2. ay, Dios, ¿no me volverá?
3. Tan grande mi dolor por el amado.
4. Enfermo está, ¿cuándo sanará?

Frenk Alatorre 1953

1. Vase mi corazón de mí.
2. Oh Dios, ¿acaso se me tornará?
3. ¡Tan fuerte mi dolor por el amado!
4. Enfermo está, ¿cuándo sanará?

Cantera 1957

1. Mi corazón se me va de mí,
2. oh Señor, ¿acaso a mí tornará?
3. ¡Cuán fuerte es mi dolor por el amado!
4. Enfermo está, ¿cuándo sanará?

Borello 1959

1.a) Sálese mi corazón de mí;
2. oh Señor, ¿si se me volverá? [¿acaso volverá?]
3. ¡Es tan grande mi dolor por el amado!
4. Está enfermo, ¿cuándo sanará?

1.b) Sálese mi corazón de mí;
2. oh Dios, ¿me tornará?
3. ¡Mi dolor por el amado es tal! [es tan grande];
4. él está enfermo, ¿cuándo sanará?

García Gómez 1965

1. Mi corazón se me va de mí.
2. ¡Ay Señor, no sé si me volverá!
3. ¡Me duele tanto por el amigo!
4. Está enfermo: ¿cuándo sanará?

Frenk Alatorre 1966

1. Vase mi corazón de mí.
2. ¡Ay, Dios! ¿acaso tornará?
3. Tan grande es mi dolor por el amado:
4. enfermo está, ¿cuándo sanará?

Jarcha 10

Yehuda Halevi (c. 1075-c. 1140), poema amoroso.

García Gómez 1950

1. ¡Nací con fatalidad!
2. ¡Quebrad, mis ojos, más enfermad!

García Gómez 1965

1. ¡Se nace acaso con mala suerte!
2. ¡Quebrad, ojos míos, y doleos más aún!

Jarcha 11

Yehuda Halevi (c. 1075-c. 1140), poema amoroso.

Cantera 1949

1. Cualquiera que tiene, oh mamá
2. fe me absolvió.
3. Cuello albo verá fuera mi señor,
4. no verá las joyas.

García Gómez 1950

1.a) No quiere el vendedor de collares, madre,
2. prestarme alhajas.
3. Cuello albo verá fuera mi dueño,
4. y no verá las joyas.

1.b) El joyero no quiere, madre,
2. prestarme un collar.
3. Cuello blanco verá mi dueño,
4. joyas no verá.

1.c) No quiere el joyero, madre,
2. prestarme alhajas,
3. [porque dice que] cuello albo verá fuera mi dueño,
4. y no verá las joyas.

Cantera 1957

1. Quien está enamorado, madre,
2. me prestará las alhajas [?]
3. Blanco cuello verá al exterior mi dueño;
4. no verá joyas.

Borello 1959

1. ¿Quién quiere tener collar, madre?
2. ¿Prestarme adornos?
3. Cuello blanco verá mi señor;
4. no querrá joyas.

García Gómez 1965

1. No quiere el mercader de collares, madre,
2. prestarme alhajas.
3. El cuello blanco verá al aire mi dueño:
4. no verá joyas.

Frenk Alatorre 1966

1. Que no quiero yo tener collar, madre.
2. ¿Prestarme alhajas?
3. Cuello blanco verá fuera mi señor:
4. no verá joyas.

Jarcha 12

Mosʿé ben ʿEzra (c. 1060-c. 1140), poema en honor de Yehuda Halevi.

García Gómez 1950

1.a) ¡Ojos míos, ojos míos, ved!
2. Si yo pudiera ir ... [?]
3. La aduladora Valencia
4. vende tu amor a otros.

1.b) ¡Mis ojos, mis ojos, ved!
2. ¡Si yo ir pudiera...!
3. Tu amor a otros va vendiendo
4. la falsa Valencia.

García Gómez 1965

3. Su amor vende a otros
4. adulador, a plazos.

Jarcha 13

Mos˘é ben ʿEzra (c. 1060-c. 1140), en honor de un miembro de la familia Muhayir.

Cantera 1949

1. Vayades a Sevilla
2. en traje de mercader,
3. pues veré los engaños
4. de Ibn Muhayir.

3. pues veré los ingenios [industrias, tretas]

García Gómez 1950

1.a) ¿Te vas a Sevilla
2. a negocios mercantiles?
3. Ten la bondad de hacerme amigo
4. de Ibn Muhayir.

1.b) Pues vais a Sevilla
2. negocios a urdir
3. quered amigarnos de Aben Muyhayir.

Menéndez Pidal 1951

1. Vayais a Sevilla
2. en traje de mercader,
3. pues veré los engaños
4. de Aben Muhayir.

García Gómez 1965

1. ¿Os vais a Sevilla

2. en guisa de mercader?
3. Haced el favor de hacernos amigos
4. de Aben Muhayir.

Solà-Solé 1973

1. Me voy a Sevilla
2. en traje de mercader
3. [a] quebrar los muros
4. de Ibn Muhâgir.

Jarcha 14

Yosef ben Saddiq (m. 1149), poema amoroso.

Cantera 1949

1. ¿Qué haré, mamá?
2. ¡Mi amado está a la puerta!

Alonso 1949

1. ¿Qué haré, mamá?
2. ¡Mi amado está a la puerta!

Zamora 1951

1. Madre, ¿qué haré?
2. Mi amigo está en la puerta.

Frenk Alatorre 1953

1. ¿Qué haré, madre?
2. Mi amado está a la puerta.

Cantera 1957

1. ¿Qué haré, madre?
2. Mi amigo está [estád+ad] a la puerta.

Jarcha 15

Abraham ben 'Ezra (1092-c. 1167), poema amoroso.

Cantera 1949

1. Guarda [o: mira, cuida] qué haré yo,
2. cómo viviré yo.
3. Espero a este amado. Por él moriré yo.

Frenk Alatorre 1953

1. Di ¿qué haré?
2. ¿Cómo viviré?
3. A mi amado espero, por él moriré.

Cantera 1957

1. Di, ¿qué haré?
2. ¿Cómo podré vivir?
3. Espero a este amado, por él moriré.

Borello 1959

1. ¡Di, qué haré,
2. cómo viviré!
3. Este amado aguardo; ¡por él moriré!

García Gómez 1965

1. Dime qué de hacer.
2. ...
3. A este amigo espero: por él moriré.

Frenk Alatorre 1966

1. Dime, ¿qué haré?,
2. ¿cómo viviré?
3. A este amado espero, por él moriré.

Jarcha 16

A: Abu Bakr Mamad Ahmad ibn Ruhaim (fl. c. 1121), panegírico en honor de Abu-l-Asbag ibn ʿAbad al-ʾAziz.

B: Todros Abū-l-ʾAfia (c. 1247-c. 1306), poema dirigido a su amigo don Isaac ben Sadoq (don Zag de la Maleha).

Cantera 1949

1. Qué haré yo o qué será de mí,
2. oh amado mío
3. no te vayas [o: separes] de mí.

Alonso 1949

1. Amigo,
2. ¡no te apartes de mí!
3. ¿Qué haré, qué será de mí si tú me dejas?

García Gómez 1949

1. ¿Qué haré yo o qué será de mí?
2. Amado mío,
3. no te apartes de mí.

García Gómez 1950a

1. ¿Qué haré yo o qué será de mí?
2. Amigo,
3. no te vayas de mi lado.

Menéndez Pidal 1951

1. ¿Qué haré o qué será de mí?
2. ¡Amado,

3. no te apartes de mí!

Zamora 1951

1. ¿Qué haré yo, qué será de mí?
2. Ay amigo,
3. no te alejes de mí.

Lunardi 1952

1. ¿Qué haré yo o qué será de mí?
2. Amado,
3. no te alejes de mí.

Frenk Alatorre 1953

1. ¿Qué haré, o qué será de mí, amado?
2. ¡No te apartes de mí!

Cantera 1957

1. ¿Qué haré o qué será de mí?
2. Amigo mío,
3. no te alejes de mi lado.

Borello 1959

1. ¿Qué haré? ¿Qué será de mí?
2. ¡Amado mío,
3. no te apartes de mí!

García Gómez 1965

1. ¿Qué haré o qué será de mí?

2. ¡Amigo mío,
3. no te vayas de mi lado!

Jarcha 17

Todros Abū-l-'Afia (c. 1247-c. 1306), en honor de su homónimo Todros
Abū-l-'Afia.

Cantera 1949

1. Oh Aurora buena, cuídame de dónde vienes,
2. ya sé que amas a otra,
3. a mí no me quieres.

Alonso 1949

1. Aurora buena, dime de dónde vienes.
2. Ya lo sé que a otra amas:
3. a mí no me quieres.

Menéndez Pidal 1951

1. Oh Aurora buena, dime de dónde vienes.
2. Ya sé que amas a otra,
3. a mí no me quieres.

Frenk Alatorre 1953

1. Aurora buena, dime de dónde vienes.
2. Ya sé que a otra amas:
3. a mí no me quieres.

Cantera 1957

1. Oh Aurora hermosa, dime de dónde vienes;
2. bien sé yo que amas a otra
3. y tú a mí no me quieres.

Borello 1959

1. ¡Oh Aurora buena! Dime de ¿dónde vienes?;
2. ya sé que a otra amas:
3. a mí no me quieres.

Alonso 1963

2. Ya lo sé que a otra amas:
3. y a mí no me quieres.

García Gómez 1965

1. Aurora bella, dime de dónde vienes.
2. Ya lo sé que amas a otra
3. y a mí no me quieres.

Frenk Alatorre 1966

1. Alba hermosa,
2. dime de dónde vienes
3. Ya sé que amas a otra
4. y a mí no me quieres.

Jarcha 18

Yosef al-Katib (el Escriba) (a. 1042), panegírico en honor de Abu Ibrahim Samuel y de su hermano Isaac.

García Gómez 1950

1. Tanto amar, tanto amar,
2. amigo, tanto amar,
3. enfermaron ojos antes alegres
4. y que ahora sufren tan grandes males.

García Gómez 1950

1. Tanto amar, tanto amar,
2. amigo, tanto amar,
3. enfermaron unos ojos antes alegres
4. y que ahora duelen tanto.

Stern 1950

1. Tanto amar, tanto amar
2. querido, tanto amar,
3. Se me enfermaron los ojos,
4. me duelen muchísimo.

Cantera 1957

1. Tanto amarte, tanto amarte
2. enfermaron ojos antes alegres
3. y ¡duelen tan fuertemente!

Borello 1959

1. Tanto amar, tanto amar,
2. querido, tanto amar.
3. Enfermaron ojos [otrora] alegres,
4. y [ahora] duelen tan mal.

Lapesa 1960

3. Enfermaron ojos brillantes

García Gómez 1965

1. De tanto amar, de tanto amar,
2. amigo, de tanto amar,
3. enfermaron unos ojos antes sanos,
4. y que ahora duelen mucho.

Frenk Alatorre 1966

1. ¡Tanto amar, tanto amar,
2. amado, tanto amar!
3. Enfermaron [mis] ojos, ¡ay Dios!
4. y duelen tanto.

Solà-Solé 1973

1. ¡Tanto amar, tanto amar,
2. amigo, tanto amar!
3. ¡Enfermaron unos ojos brillantes
4. y duelen tan mal!

Jarcha 19

Anónima. Escrita en hebreo. Panegírico.

Cantera 1949

1. Ve, oh impertinente, ve tu vía [o: sigue tu camino],
2. que no me tienes buena fe.

Alonso 1949

2. que no me tienes fe, [que no me tienes ley].

García Gómez 1950

1. Vete, desvergonzado, y sigue tu camino,
2. que no vienes a mí con buena intención.

1. Sigue tu camino, oh tú que me espías (Colin)

Frings 1951

1. Ve, oh impertinente, ve tu vía,
2. que no me tienes buena fe.

Cantera 1957

1. Vete, desvergonzado, vete,
2. que no me tienes ley.

Borello 1959

1. Vete, desvergonzado, y sigue tu camino,
2. que no vienes a mí con buenas intenciones.

García Gómez 1965

1. Vete, desvergonzado, vete por tu camino,
2. que no me tienes ley.

Frenk Alatorre 1966

1. Vete, desvergonzado, sigue tu vía
2. que no me tienes fe.

Jarcha 20

En hebreo. Poema amoroso.

Cantera 1949

1. Oh moreno, oh niñeta de mis ojos.
2. ¿Quién podrá tolerar la ausencia,
3. amigo mío?

García Gómez 1949

1. ¡Oh moreno, oh refrigerio de los ojos!

García Gómez 1965

1. ¡Ay moreno, ay consuelo de los ojos!
2. ¿Quién podrá soportar la ausencia
3. amigo mío?

Jarcha 21

A: Abu Bakr Yahyà as-Saraqusti al-Yazzar (siglo XI), poema amoroso.

B: Abu Bakr ibn Baqi (m. 1145), poema amoroso.

C: Mos˘é ben 'Ezra (c. 1060-c. 1140), poema amoroso.

Cantera 1953

1. Amé [o: amo] con pasión
2. a hijuelo ajeno
3. y él me ha correspondido [o: corresponde]
4. su espía, o guardián
5. quiérelo
6. de mí apartar.

Alarcos 1953

1. Porque amé
2. hijito ajeno
3. y él a mí
4. lo quiere
5. apartar de mí
6. su guardador.

García Gómez 1954

1. Enamoré
2. a hijito ajeno
3. y él a mí.
4. Quiérelo
5. de mí apartar
6. su guardador.

García Gómez 1954a

1. Que adamé
2. hijito ajeno
3. y él a mí.
4. Quiérelo
5. de mí apartar
6. su guardador.

Cantera 1957

1. Porque amé con pasión hijuelo ajeno
2. y él me ha correspondido
3. quiérelo de mí apartar,
4. su espía o guardián.

Frenk Alatorre 1966

1. Que amé hijito ajeno, y él a mí;
2. quiérelo apartar de mí su guardador.

Solà-Solé 1973

1. Amé
2. a un hijito ajeno
3. y él a mí;
4. lo quiere
5. captar [apartar] de mí
6. su espía [guardador].

Jarcha 22

Yehuda Ben Ghiyath (?) (c. 1100), panegírico en honor de Josef Halevi.

García Gómez 1961

1. Madre, di a Jacob:
2. El seso de las mujeres es poco.
3. No pases la noche lejos de mí,
4. [porque] mi amor es para el que se queda.

García Gómez 1965

1. Madre, dile a Yáqub:
2. la sensatez de las mujeres es poca.
3. No pases la noche lejos de mí:
4. mi amor es para el que se queda.

Jarcha 23

Muhammad ibn Ubada al-Malaqi (siglo XI), poema amoroso.

García Gómez 1952

1. Señor mío Ibrahim
2. oh nombre dulce;
3. vente a mí
4. de noche.
5. Si no —si no quieres—,
6. iréme a ti:
7. dime en dónde
8. encontrarte.

Cantera 1957

1. Dueño mío Ibrahim,
2. oh nombre dulce,
3. vente a mí
4. de noche.
5. Si no, si no quieres,
6. iré yo a ti:
7. dime dónde
8. hallarte.

Borello 1959

1. Señor mío Abraham,
2. oh nombre dulce,
3. vente a mí
4. de noche.
5. Si no —si no quieres—,
6. iréme a ti:
7. dime [en] dónde

8. a verte.

Lapesa 1960

1. Haberte

García Gómez 1965

1. Dueño mío Ibrahim,
2. oh nombre dulce,
3. vente a mí
4. de noche.
5. Si no, si no quieres,
6. iréme a ti
7. —¡dime a dónde!—
8. a verte.

Frenk Alatorre 1966

1. Señor mío Ibrahim,
2. ¡oh dulce nombre!
3. Si no, si no quieres, iréme a ti:
4. dime dónde encontrarte.

Solà-Solé 1973

1. Mi señor Ibrahim,
2. Oh tú hombre dulce
3. vente a mí
4. de noche.
5. Si no, si no quieres,
6. ireme a ti,
7. dime a dónde
8. encontrarte.

Jarcha 24

Abu-l-'Abbas al-'Amà al-Tutili (m. 1126), poema amoroso.

García Gómez 1952

1. Di cómo sobrellevar esta ausencia. ¡No tanto [de ella]!
2. ¡Ay de los ojos del amante, si no [estás] tú!

García Gómez 1965

1. Di cómo soportar esta ausencia. ¡No tanto [de ella]!
2. ¡Ay de los ojos de la enamorada, si no [estás] tú!

Jarcha 25

Anónima. En árabe. Poema amoroso.

García Gómez 1952

1. ¡Oh seductor, oh seductor!
2. Entraos ahí
3. quien dar celos quiere.

García Gómez 1965

1. ¡Oh seductor, oh seductor!
2. Entráos aquí
3. cuando el gilós duerma.

Jarcha 26

En árabe. Panegírico en honor del visir Muhamad.

García Gómez 1952

1. ¡Alba de mió vigor [?]
2. Alma de mió dolor [?]!
3. ¡Burlando [?] al espía,
4. esta noche amor!

Corominas 1953

1. Alba que mete fuego [o: que inspira ardor].

García Gómez 1965

1. ¡Alba de mi fulgor!
2. ¡Alma de mi alegría!
3. No estando el espía,
4. esta noche quiero amor.

Solà-Solé 1973

1. Ven, oh hechicero:
2. un alba que está [o: tiene] con fogor
3. cuando viene pide amor.

Jarcha 27
Abu-l-'Abbas al-A'mà al-Tutili (m. 1126), poema amoroso.

García Gómez 1952

1. ¡Merced, merced, oh hermoso! Di:
2. ¿por qué tú me quieres, ay Dios, matar?

Corominas 1953.

2. ¿Por qué no me quieres, ay Dios, matar?

Cantera 1957

1. ¡Favor, favor, oh hermoso!, di
2. ¿por qué me quieres, por Dios, matar?

Borello 1959

1. ¡Merced, merced, o hermoso! Di:
2. ¿por qué tú quieres, ay Dios, matarme?

García Gómez 1965

1. ¡Merced, merced!
2. Oh hermoso, di:
3. ¿Por qué tú me quieres,
4. ay Dios, matar?

Jarcha 28

Muhammad ibn 'Ubada al-Qazzaz? (siglo XI), panegírico en honor de un rey (Mu'tasim de Almería?).

García Gómez 1952

1. ¡Sácame de este estado mío!
2. ¡Mi situación es desesperada!
3. ¿Qué haré, madre?
4. Bien quisiera volar [de aquí].

Corominas 1953

1. ¡Me aburro de este estado mío!
2. ¡Mi situación es desesperada!
3. ¿Qué haré madre?
4. ¡El alfaneque se me va a llevar!

Borello 1959

1. ¡Me aburro de este estado mío!
2. ¡Mi situación es desesperada!
3. ¿Qué haré, madre?
4. El gavilán me va a llevar.

García Gómez 1965

1. ¡Sácame de cómo estoy
2. porque mi situación es desesperada!
3. ¿Qué haré madre?
4. ¡Ven, que voy a llorar!

Jarcha 29

A: Abu-l-Walid Muhammad ibn ‘Abd al-’Aziz ibn al-Mu’allim (siglo XI), panegírico en honor de Abu Àmr.
B: Anónima. En árabe. Poema amoroso.

García Gómez 1952

1. ¡Ven, hechicero!
2. Alba que tiene bello vigor
3. cuando viene pide amor.

García Gómez 1965

1. ¡Ven, oh hechicero!
2. Un alba que tiene tan hermoso fulgor,
3. cuando viene pide amor.

Jarcha 30

Abu-l-`Abbas al-Àma al-Tutili (m. 1126), poema amoroso.

Stern 1949

1. Mi amigo [está] enfermo de amarme.
2. ¿Cómo no ha de estarlo?
3. ¿No ves que a mí no se ha de allegar?

3. ¿No ves que se ha de allegar a mí?

García Gómez 1952a

1. Mi amigo [está] enfermo por mi amor.
2. ¿Cómo no ha de estarlo?
3. ¿No ves que a mí no se ha de allegar?

Corominas 1953

3. ¿No ves que a mí se queja de mi unión?

Alarcos 1953

2. ¿Quién tiene curación?
3. … llegar.

García Gómez 1965

1. Mi amigo [está] enfermo de mi amor.
2. ¿Cómo no ha de estar[lo]?
3. ¿No ves que a mí no se ha de acercar?

Jarcha 31

En árabe. Poema báquico.

García Gómez 1952

1. No te amaré, sino con la condición
2. de que juntes mi ajorca de tobillo con mis pendientes.

Corominas 1953

1. No lo intentaré, sino con la condición.

Jarcha 32

Anónima.

García Gómez 1952

1. Este desvergonzado, madre, este enredador
2. quiere a la fuerza
3. que perezcamos yo y mis pechos.

García Gómez 1965

1. Este desvergonzado, madre, este alborotado
2. me toma [o: me ataca] por fuerza
3. y no veo yo el porvenir.

Jarcha 33

Anónima. Poema amoroso.

García Gómez 1952

1. Si me quieres como bueno,
2. bésame entonces esta sarta de perlas:
3. boquita de cerezas.

Cantera 1957

1. Si me quieres como bueno,
2. bésame entonces esta sarta de perlas,
3. boquilla de cereza.

Borello 1959

1. Si me quieres como hombre bueno,
2. bésame entonces esta sarta de perlas
3. boquita de cerezas.

García Gómez 1965

1. Si quieres como bueno a mí,
2. ven mi boquita ésta a besar,
3. que es de cerezas un collar.

Jarcha 34

Al-Kumait al-Garbi (c. 1100), poema amoroso.

García Gómez 1952

1. No quiero, no, amiguito,
2. sino el morenito.

Cantera 1957

1. No quiero yo un amiguito,
2. que no sea morenito.

Borello 1959

1. No quiero cualquier amiguito,
2. sino el morenito.

García Gómez 1965

1. No quiero, no, un amiguito,
2. más que el morenito.

Solà-Solé 1973

1. No quiero yo ningún halagador,
2. más que el morenito.

Jarcha 35

Anónima. Escrita en árabe. Poema de amor.

García Gómez 1952

1. ¡Madre, qué amigo!
2. Bajo la guedejuela rubita,
3. el cuello blanco
4. y la boquita rojuella.

García Gómez 1965

1. ¡Madre, qué amigo!
2. Bajo la guedejuela rubita,
3. el cuello albo
4. y la boquita coloradita.

Jarcha 36
Al-Kumait al-Garbi (?) (c. 1100), poema amoroso.

García Gómez 1952

1. No se queda, no me quiere decir
2. palabra.
3. No sé con el seno abrasado dormir,
4. madre.

Corominas 1953

3. No me he atrevido con seno enjuto dormir

Cantera 1957

1. Ni se queda [?] ni me quiere decir
2. palabra.
3. No puedo dormir sin ...,
4. madre.

García Gómez 1960

1. No se quedó ni me quiere hablar
2. palabra.
3. No sé con el seno abrasado dormir,
4. madre.

García Gómez 1965

1. No se quedó ni me quiere decir
2. palabra.
3. No sé con el seno abrasado [o: enjuto, seco] dormir,
4. madre.

Jarcha 37

Anónima. En árabe. Poema de amor.

García Gómez 1952

1. ¿Quién me quita el alma?
2. ¿Quién quiere mi alma?

Borello 1959

1. ¿Quién me quita el alma?
2. ¿Qué quiere mi alma?

García Gómez 1965

1. ¡Que me quita el alma!
2. ¡Que me arrebata mi alma! [o: ¡Que se me va mi alma!]

Jarcha 38

A: Abū-l- ʿAbbâs al-Aʿmà al-Tutîlî (m. 1126), panegírico en honor de un visir.
B: Abū Muhammad ʿAbd Allâh ibn Hârūn al-Asbâhî al-Lâridi (siglo XII), poema amoroso.

García Gómez 1952

1.a) ¡Oh madre mía cariñosa!,
2. al rayar la mañana
3. [creo ver al] hermoso Abū-l-Haŷŷâŷ
4. con su faz de aurora.

García Gómez 1965

1.b) No dormiré yo, madre:
2. al rayar la mañana,
3. [creo ver al] hermoso Abū-l-Qâsim,
4. con su faz de aurora.

Corominas 1953

4. cara de doncella hermosa, floreciente.

Cantera 1957

1.a) ¡Oh madre cariñosa!,
2. a los rayos matutinos
3. [paréceme ver] al hermoso Abu-l-Hachychyachy
4. de faz de alborada.

1.b) No me dormiré, madre;
2. a los rayos matutinos
3. [paréceme ver] al hermoso Abu-'l-Qasim,

4. de faz de alborada.
García Gómez 1965

1.a) ¡Oh tierna madre mía!
2. Al rayar la mañana,
3. viene Abu 'l-Haŷŷâŷ
4. con su faz de aurora.

1.b) No dormiré, madre.
2. Al rayar la mañana,
3. viene Abūl-Qâsim,
4. con su faz de aurora.

Jarcha 39

Muhammad ibn 'Ubâda al-Mâlaqi (siglo XI), poema amoroso.

García Gómez 1965

1. Si os vais, dueño mío,
2. [mirad] que antes he de besaros
3. la boquita roja,
4. bermeja como la cúrcuma.

Jarcha 40

A: Abū-l-Walîd Yūnus ibn 'Isâ al-Jabbâs Mursi (c. 1100), poema amoroso.
B: Abū 'Utmân ibn Luyūn (1282-1349), poema amoroso.

García Gómez 1952

1. ¡Oh madre!, mi amigo
2. se va y no tornará [o: no puedo tornarle].
3. Di qué haré yo madre
4. ...

García Gómez 1965

1. Madre, mi amigo
2. se va y no tornará más.
3. Dime qué haré, madre:
4. ¿no me dejará [siquiera] un besito?

Jarcha 41

Anónima. En árabe. Poema de amor.

García Gómez 1952

1. ¡Merced, amigo mío!
2. No me dejarás sola.
3. Hermoso, besa mi boquita;
4. yo sé que no te irás.

2. La soledad [o: el abandono, la tristeza], no me harás

Cantera 1957

1. ¡Favor, amigo mío!
2. Sola no me has de dejar.
3. Hermoso, besa mi boquita;
4. yo sé que no te irás.

Borello 1959

1. ¡Merced, oh amado!
2. No me harás sufrir.
3. Hermoso, besa mi boquita,
4. yo sé que no te irás.

García Gómez 1965

1. ¡Merced, amigo mío!
2. No me dejarás sola.
3. Ven, besa mi boquita:
4. yo sé que no te irás.

Jarcha 42

Anónima. En árabe. Poema de amor.

García Gómez 1952

1. [idea de desgarrar]
2. [con dientes o metáfora que los designe]
3. [algo parecido a mordientes]
4. como aleznas
5. agud[a]s
6. como lanzas
7. quemantes [?] de llamas.

García Gómez 1965

1. Me tomas [o: te apoderas de mí, me atacas]
2. con tetas
3. marcidas
4. con mordiscos
5. agudas
6. como lanzas,
7. quemantes de llamas.

Jarcha 43

Abū-l-'Abbas al-A'mà al-Tutîlî (m. 1126), panegírico en honor de Abū ḥafṣ al-ḥauzanî.

García Gómez 1954

1.a) ¡Albo día este día,
2. día de San Juan, en verdad!
3. Vestiré mi [jubón] brochado
4. y quebraremos la lanza.

1.b) ¡Albo día [es] este día,
2. día de la sanjuanada!
3. Vestiré mi [jubón] nuevo
4. e iremos a quebrar lanzas.

García Gómez 1965

1. ...
2. día de la 'Anṣara [sanjuanada] en verdad
3. ...
4. ...

Jarcha 44
Al-Mu'tamid ibn 'Abbâd, rey de Sevilla (1040-1095; reinado: 1069-1091), poema amoroso.

García Gómez 1954

1.a) Dije: ¡cómo
2. hace revivir [una] boquita
3. dulce como ésa!

1.b) ¡Vuelve bien
2. boquita tan dulce
3. como ésa el ser!

Borello 1959

1. Dije: ¡que
2. reviva boquita
3. tan dulce como ésa!

Jarcha 45
Abū Bakr Yahyà ibn Baqî (m. 1145), poema amoroso.

García Gómez 1965

1. Mi gilós, como un rey,
2. me trae la muerte,
3. todo lo sabe
4. y yo no sé nada.
5. Por Dios, ¿qué haré yo?

Jarcha 46

Abū Bakr Muhammad ibn ʿÎsà (ibn al-Labbâna), panegírico en honor de
al-Mahmū de Toledo (1037-1075).

García Gómez 1965

1. ¡Ay, corazón mío, que quieres buen amar!
2. ¡Para llorar
3. ojalá tuviese los ojos del mar!

Jarcha 47

A: Abū Bakr Muhammad ibn Arfaʿ Raʾso (siglo XI), panegírico en honor
de Al-maʾmūn de Toledo (1037-1075).
B: Abu Bakr Ahms Ibn Malik al-Saraqust͎ʾî (siglo XI), panegírico en honor
de Ibn Ubaid ʾAbū Ŷaʿfar.

García Gómez 1965

1. ¡Ay, madre! Si no deja la locura
2. altura [si no remite] moriré.
3. Traed mi vino de [casa de] l ḥâŷib:
4. tal vez sanaré.

Solà-Solé 1973

1.a) Oh madre, si no cesa la locura [de amor],
2. enseguida moriré.
3. Traed mi vino de [casa de] el hagib,
4. acaso sanaré.

1.a) Oh madre, si no cesa la locura [de amor],
2. enseguida moriré.
3. Traed mi vino de [casa de] Gaʾfar,
4. acaso sanaré.

Jarcha 48

Abū Bakr Muḥammad ibn Arfaʿ Raʾso (siglo XI), poema amoroso.

García Gómez 1965

1. ¡Bien hayas! Si al amigo salgo,
2. como el hilos me verá,
3. a un hombre de bien en balde a la muerte me expongo.
4. Madre, dime qué he de hacer.

Jarcha 49

Al-Kumait al-Garbî (c. 1100), poema amoroso.

García Gómez 1965

1. ¡Ven a mi lado, amigo!
2. Has de saber que
3. tu huida es una fea acción.
4. Anda únete conmigo.

Jarcha 50

Al-Kumait al-Garbî (c. 1100), poema amoroso. Se trata de la muwaschaha número 36, con otra jarcha.

García Gómez 1965

1. Pero, si es buen amador,
2. pues no
3. se le olvidará, no, mi morir,
4. madre.

Jarcha 51

Abuù-l-Qaùsim al-Maniùséiù (c. 1100), panegírico en honor de Ibn ʿAbd Allâ.

García Gómez 1965

1. Dime, oh madre: parece que él
2. duda del día.
3. Muero de mi esperar, madre,
4. esclava del plazo.

Jarcha 52

Abū Bakr Yaḥyà ibn al-Sairafî (m. 1174), panegírico en honor de ʿAbd al-Munʿm.

García Gómez 1965

1. Boquita de collar,
2. dulce como la miel,
3. ven, bésame.
4. ¡Amigo mío, ven a mí!
5. ¡Únete a mí, amante
6. que me huyó!

Jarcha 53
Abū-l-Walîd Yūnus ibn ʿÎsâ al-Mursî al-Jabbâz (c. 1100).

García Gómez 1965

1. Has de saber, amor mío:
2. quédome yo sin dormir.
3. Ven ya, ven, amigo mío:
4. no sé sobrellevar tu huir.

Jarcha 54

Abū ʿÎsà ibn Labbūn (siglo XI), poema amoroso.

García Gómez 1965

1. Decidme
2. cómo mi dueño, oh gentes,
3. míralo por Dios
4. no me da su medicina.

Solà-Solé 1973

1. Decidme:
2. ¿cuándo mi señor, oh amigos,
3. querrá, por Dios,
4. darme su medicina?

Jarcha 55

Abū Bakr Muhammad ibn ʿÎsà ibn ʿAbd al-Malik ibn Quzmân (m. 1160), poema amoroso.

García Gómez 1960

1.a) Ven con algo que me guste:
2. no quieras mudar [o: innovar, introducir usos nuevos].
3. Ir despacio es la costumbre.
4. Sujétate a ello y yo también me sujetaré.

1.b) Busca darme gusto.
2. No hay que adelantarse.
3. Ir despacio es regla
4. que debe guardarse.

Jarcha 56

Solà-Solé 1973

1. Mi pena es a causa de un hombre violento: si salgo
2. con males me veré
3. no me deja mover o soy recriminada.
4. Madre, dime, qué haré.

Jarcha 57

Solà-Solé 1973

1. ¡Oh madre, tanto soporto
2. de promesa [y] de subterfugios!
3. Deja [permite] el romper de quien embarazado calla,
4. pues la separación es algo malo.

Jarcha 58

Solà-Solé 1973

1. ¡Oh madre, mi amigo
2. se va y no vuelve!
3. Dime qué haré, madre,
4. si mi pena no afloja.

Jarcha 59

Solà-Solé 1973

1. Madre mía, quien dijo al amigo,
2. «la constancia de las mujeres [es] caca»,
3. no sabe [que] mi máxima
4. [es que] mi amor es para quien persiste.

Jarcha 60

Solà-Solé 1973

1. Dije: «cómo
2. reanima a una boquita
3. algo dulce como eso».

Jarcha 61

Solà-Solé 1973

1. ¡Oh corazón mío, que quieres amar bien!
2. Mi corderito
3. se va y tú no le dejas de amar.

Jarcha 62

Solà-Solé   1973

1. Sí, sí, ven, oh señor mío,
2. cuando [si] venís aquí,
3. la boquita roja
4. alimentaré [de besos] como la paloma rojiza.

Jarcha 63

Solà-Solé 1973

1. La muerte es mi estado,
2. porque mi estado [es] desesperado.
3. ¿Qué haré, oh madre mía?
4. El que me mima va a marcharse.

Jarcha 64

Solà-Solé 1973

1. ¡Ven a mi lado, amigo!
2. Si te vas, el engañador [?]
3. traerá algo malo.
4. ¡Ven a la unión!

Jarcha 65

Solà-Solé 1973

1. Como que no existe [hay] en el buen amador
2. boca,
3. el amigo no curará mi morir,
4. oh madre.

Jarcha 66

Solà-Solé 1973

1. No se queda ni me quiere decir
2. palabra
3. No dormiré con el seno abrasado,
4. madre.

Interpretación

Jarcha 67

Solà-Solé 1973

1. ¡Mis parientes, todos, venid!
2. Yo quiero la saetía;
3. mi hombre [a] otras canta
4. en la cora de Valencia.

Bibliografía

AA. VV., Poesía de Al Andalus, la. Las jarchas, Melilla, Universidad Nacional de Educación a Distancia. Centro Asociado de Melilla, 1982.

AA. VV., Poesía lírica medieval: (de las jarchas a Jorge Manrique), Hermes Editora General-Almadraba, 1997.

Alarcos Llorach, E., «Sobre las jaryas mozárabes», Revista de Letras (Universidad de Oviedo), XI, 1950, págs. 297-299. mg

Alarcos Llorach, E., «Una nueva edición de la lírica mozárabe», Archivum, Oviedo, III, 1953, 242-250.

Alonso, Dámaso, «Cancioncillas "de amigo" mozárabes: primavera temprana de la lírica europea», Revista de Filología Española, XXXIII, 1949, págs. 297-349, mg

Alonso, Dámaso, «Dos notas al texto de las jarchas», Wort und Text, 1963 (Festschrift für Fritz Schalk), págs. 111-114. mg

Alvar, M., «S. M. Stern, Les chansons mozárabes» (reseña), Revista de Filología Española, XXXIX, 1955, págs. 410-412.

Angel Ramírez Calvente, «Jarchas, moaxajas, zéjeles», Al-Andalus: Revista de Las Escuelas de Estudios Árabes de Madrid y Granada. 43, 1978, págs. 173-80.

Armero, Pilar, «Las Jarchas Mozárabes», HOY, 29 de noviembre, 1997.

Borello, R. A., Jaryas andalusíes. Bahía Blanca, 1959 (Cuadernos del Sur).

Cabanelas, D., «Más sobre las "jarchas" romances en "muwassahas" árabes», Clavileño, IV, 1953, no. 23, págs. 55-58.

Cantera Burgos, F., «Unas palabras más sobre la nueva jarya de Mose Ibn Ezra», Sefard, XIII, 1953, págs. 360-361.

Cantera Burgos, F., «Versos españoles en las muassahas hispano-hebreas», Sefard IX, 1949, págs. 197-234.

Cantera Burgos, F., La canción mozárabe. Santander, 1957. (Publicaciones de la Universidad Internacional Menéndez Pelayo, 7).

Cañas Murillo, Jesús, La poesía medieval: de las jarchas al Renacimiento, Madrid, Grupo Anaya, S.A., 1990.

Carrillo Alonso, Antonio, La poesía tradicional en el cante andaluz. De las jarchas al cantar. (Sevilla, Editoras Andaluzas Unidas, 1988). Col. BCA n. 78.

Corominas, Joan, «Para la interpretación de las jaryas recién halladas (manuscrito G. S. Colin)», Al Andalus, XVIII, 1953, págs. 140-148.

Dronke, P., Medieval Latin and the rise of European love-lyric. I-II. Oxford, 1965-1966.

Esposito, Anthony, «Dismemberment of Things Past: Fixing the Jarchas», La Coronica: A Journal of Medieval Spanish Language & Literature. 24 [1], Fall, 1995, págs. 4-14.

Felkel, Robert, «The theme of Love in the Mozarabic jarchas and in cante flamenco», Confluencia: Revista Hispánica de Cultura y Literatura, 4, Fall, 1988, págs. 23-40.

Frenk Alatorre, Margit, «El nacimientode la lírica española a la luz de los nuevos descubrimientos», Cuadernos Americanos, XII, 1953, págs. 159-174.

Frenk Alatorre, Margit, «Jaryas mozárabes y estribillos franceses», Nueva Revista de Filología Hispánica, VI, 1952, págs. 281-284.

Frenk Alatorre, Margit, «S. M. Stern, Les chansons mozárabes» (reseña), Nueva Revista de Filología Hispánica, VIII, 1954, págs. 324-328.

Frenk Alatorre, Margit, Las jarchas mozárabes y los comienzos de la lírica románica. 1.ª reimp., El Colegio de México, 1975.

Frenk Alatorre, Margit, Lírica hispánica de tipo popular, México, 1966.

Frings, T., «Altspanische Mädchenlieder aus des Minnesangs Früling», Beiträge zur Geschichte der Deutschen Sprache und Literatur, LXXIII, 1951, págs. 176-196.

Fuente Rivarola, José Luis, «Problemas de forma y significado de las jarchas mozárabes», Cultura Neolatina 61:1-2, 2001, págs. 197-213.

Gadzaru, G. D., «La más antigua jarya mozárabe», Filología (Buenos Aires), IX, 1963, págs. 443-448.

Galmés de Fuentes, Álvaro, «Las jarchas mozárabes y la tradición lírica románica», P. Piñero Ramírez (ed.), Lírica popular/lírica tradicional: Lecciones en homenaje a Don Emilio García Gómez; Universidad de Sevilla-Fundación Machado, Sevilla, 1998.

Galmés de Fuentes, Álvaro, Las jarchas mozárabes, Barcelona, Crítica, 1994.

Ganz, P. F., «The Cancionerillo mozárabe and the origin of the Middle High German "Frauenlied"», Modern Language Review, XLVIII, 1953, págs. 301-309.

García Gómez, Emilio, «A propósito del libro de K. Heger sobre las jaryas», Al-Andalus, XXVI, 1961, págs. 453-465.

García Gómez, Emilio, «Dos nuevas jaryas romances (XXV y XXVI) en muwassahas árabes (ms. G. S. Colin)», Al-Andalus, XIX, 1954, págs. 369-391.

García Gómez, Emilio, «El apasionante cancionerillo mozárabe», Clavileño I (1950: mayo-junio), págs. 16-21.

García Gómez, Emilio, «La lírica hispano-árabe y la aparición de la lírica románica», en Oriente ed Occidente nel Medio Evo: Convegno di Scienze Morali Storiche e Filologiche (Convegno Volta) 1956 (Roma, 1957), págs. 294-321.

García Gómez, Emilio, «La muwassaha de Ibn Baqui de Córdoba; Ma laday / sabrum mu inú, con jarya romance», Al-Andalus, XIX, 1954, págs. 43-52.

García Gómez, Emilio, «Las jarchas», El comentario de textos, IV: La poesía medieval, Madrid, Castalia, 1984, págs. 405-426.

García Gómez, Emilio, «Las jaryas mozárabes y los judíos de Al-Andalus», Boletín de la Real Academia Española, XXXVII, 1957, págs. 337-394.

García Gómez, Emilio, «Más sobre las "jarchas" romances en "muwassahas" hebreas», Al-Andalus, XIV, 1949, págs. 409-417.

García Gómez, Emilio, «Nuevas observaciones sobre las "jarchas" romances en muwassahas hebreas», Al-Andalus, XV, 1950, págs. 157-177.

García Gómez, Emilio, «Tres interesantes poemas andaluces conservados por Hillo», Al-Andalus, XV, 1960, págs. 287-311.

García Gómez, Emilio, «Veinticuatro jaryas romances en muwassahas árabes», Al-Andalus, XVII, 1952, págs. 57-127.

García Gómez, Emilio, Las jarchas romances de la serie árabe en su marco, Madrid, Alianza Editorial, 1995.

García Gómez, Emilio, Poesía arabigoandaluza: breve síntesis histórica, Madrid, 1952.

Gifford, D. J. y Hodcroft, F. W., Textos Lingüísticos del Medioevo Español, Oxford, 1966.

Heger, K., Die bisher veröffentlichten Hargas und ihre Deutungen. Tübingen, 1960.

Hilty, Gerold, «¿Existió o no existió una lírica mozárabe?», Actas del VIII Congreso Internacional de la «Asociación Hispánica de Literatura Medieval», M. Freixas y S. Iriso, eds., con la colab. de L. Fernández, t. II, Consejería de Cultura del Gobierno de Cantabria-Año Jubilar Lebaniego-AHLM, Santander, 2000, págs. 975-985.

Hitchcock, Richard, «Las jarchas treinta años después», Awraq [Madrid], 3 (1980): 19-25.

Hitchcock, Richard, «Las jarchas treinta años después», Awrag, 1980, págs. 19-25.

Hitchcock, Richard, «Sobre la "mama" en las jarchas», Journal of Hispanic Philology [Tallahassee, FL], 2, 1977, págs. 1-9.

Hitchcock, Richard, The «kharjas»: a critical bibliography, Londres, Grant and Cutler, 1977.

Irene Garbell, «Another Mozaragic jarya in a Hebrew poem», Sefarad, XIII, 1953, págs. 358-359.

Lapesa, R., «Sobre el texto y lenguaje de algunas jarchas mozárabes», Boletín de la Real Academia Española, XL, 1960, págs. 53-65.

Le Gentil, P., «La strophe zadjalesque, les khardjas et le probleme des origines du lyrisme roman», Romania, LXXXIV, 1963, pág. 4.

Lévi-Provençal, E., «Quelques observations a propos du déchiffrement des "hargas" mozárabes», Arabica, 1954, págs. 201-208. mg

López Castro, Armando, De las jarchas a Gil Vicente, Universidad de Léon. Secretariado de Publicaciones y Medios, 2001.

Lunardi, E., «Preziosi cimeli della piu antica poesia volgare d'Europa», Cenobio (Lugnano), II, 1952, págs. 3-11 y 18-29.

Marcos-Marín, Francisco A., «Forma y contenido en las cantigas de amigo y las jarchas: La nueva perspectiva», A. Cortijo Ocaña, G. Perissinotto, Giorgio, H. L. Sharrer, V. Fuentes, C. Currás Fernández. Estudios Galegos Medievais, I. Department of Spanish and Portuguese, University of California,

Santa Barbara, Santa Barbara, CA, 2001.

Menéndez Pidal, R., «Cantos románicos andalusíes continuadores de una lírica latina vulgar», Boletín de la Real Academia Española, XXXI, 1951, págs. 187-207.

Menéndez Pidal, R., «La primitiva lírica europea: Estado actual del problema», Revista de Filología Española mg, XLIII, 1960, págs. 279-354.

Menéndez Pidal, R., Crestomatía del español medieval, Madrid, 1965.

Menéndez y Pelayo, M., «De las influencias semíticas en la literatura española» (1894), en Obras Completas, VI (Santander, 1941), págs. 193-217.

Mettmann, W., «Zue Siakuaaion über die litcrargeschichtliche Bedeutung der mozarabischen Jarchas», Romanische Forshungen, LXX, 1958, 1-29. J. M.

Millás Vallicrosa, «Sobre los más antiguos versos en lengua castellana», Sefarad, VI, 1946, págs. 362, 371.

Millás Vallicrosa, J. M., Yehudá ha-Lévi como poeta y apologista. Madrid-Barcelona, 1947.

Piñero Ramírez, Pedro, Lírica popular/lírica tradicional: Lecciones en homenaje a Don Emilio García Gómez, Universidad de Sevilla-Fundación Machado Sevilla, 1998.

Rodríguez Lapa, M., Licoes de literatura portuguesa: Epoca medieval, 6.ª Ed. Coimbra, 1966.

Roncaglia, A., «Di una tradizione lirica pre-trovadoresca in lingua volgare», Cultura Neolatina, XI, 1951, págs. 213-249.

Roncaglia, A., «La lirica arabo-ispanica e il sorgere della lirica romanza fuori della penisola iberica», en Oriente ed Occidente nel Medio Evo: Convegno di scienze morali storiche e filologiche (Convegno Volta) 1956 (Roma, 1957), págs. 321-343.

Roncaglia, A., Poesie d'amore spagnole d'ispirazione melica popolaresca: dalle "kharge" mozarabiche a Lope de Vega. Modena, 1953.

Scudieri Ruggieri, J., «Riflessioni su kharge e cantigas d'amigo», Cultura Neolatina (Roma), XXII, 1962, págs. 5-39.

Schirmann, J., «Un nouveau poeme hébreu avec vers finaux en espagnol et en arabe», Homenaje a Millás Vallicrosa, II, Barcelona, 1956, págs. 347-353.

Solà-Solé , J. M., Corpus de poesía mozárabe, Barcelona, Hispam, 1973.

Solà-Solè, Josep M., Las jarchas romances y sus moaxajas, Madrid, Taurus, 1990.

Spitzer, l., «The Mozarabic Lyric and Theodor Frings' Theories», Comparative Literature, IV, 1952, págs. 1-22.

Spitzer, L., Hispanic Review, XXIII, 1955, págs. 303-305.

Stern, Samuel M., «Arabic poems by Spanish Hebrew poets», en M. Lazar (ed.), Romanica et Occidentalia: Etudes dediées a la memoire de Hiram Per (Plaufm), Jerusalen, 1963.

Stern, Samuel M., «Hispano-Arabic Poetry», Atlante, Londres, 1954, no. 2, págs. 84-93.

Stern, Samuel M., «Les vers finaux en espagnol dans les muwassahs hispano-hébraiques: une contribution a l'histoire de muwassahs et a l'étude du vieux dialecte espagnol mozarabe», Al-Andalus, XIII, 1948, págs. 299-346.

Stern, Samuel M., «Life of Shmuel ha-Nagid», Zion, XV, 1950, págs. 135-145.

Stern, Samuel M., «Some textual notes on the romance jaryas», Al-Andalus, XVIII, 1953, págs. 133-140.

Stern, Samuel M., «The muwashshahs of Abraham Ibn Ezra», Hispanic Studies in Honour of I. González Llubera, Oxford, 1959, págs. 367-386.

Stern, Samuel M., «Un muwassah arabe avec terminaison espagnole», Al-Andalus, XIV, 1949, págs. 214-218.

Stern, Samuel M., Les chansons mozarabes: Les vers finaux (kharjas) espagnol dans les muwashshahs arabes et hébreux. Palermo, 1953. Hay reimpresión: Oxford, 1964

Toschi, P., «La questione dello strambotto alla luce di recenti scoperte», Lares, 1951, págs. 79-91.

Trend, J. B., «The oldest Spanish poetry», Hispanic Studies in honour of I. González LLubera, Oxford, 1959, págs. 415-428.

Utray Sardá, Francisco, Nuevas jarchas, Autor-Editor, 1981.

Wilson, Edward Meryon, Entre las jarchas y Cernuda, Barcelona, Ariel, 1977.

Wood Rivera, Alma, Las jarchas mozárabes: Una compilación de Lecturas, 1969.

Zamora Vicente, A., «Villancicos mozárabes», La Nación, Buenos Aires, 21 de octubre de 1951, 2.ª sección, 1.